Tortas

MEXICANAS

LAROUSSE

100% MÉXICO

Tortas
MEXICANAS

Martha Chapa

DIRECCIÓN EDITORIAL

Tomás García Cerezo

EDITORA RESPONSABLE

Verónica Rico Mar

ASISTENCIA EDITORIAL

Gustavo Romero Ramírez, Alejandro González Dungla

FOTOGRAFÍA

Bertha Herrera

ESTILISMO DE ALIMENTOS

Leticia Alexander

FOTOGRAFÍA COMPLEMENTARIA

Bertha Herrera, Leticia Olvera, Francisco Palma,
Archivo gráfico Larousse (con la colaboración de Ileana Campos), Shutterstock.com

DISEÑO

Ediciones Larousse, S.A. de C. V.
con la colaboración de Mariano Lara

FORMACIÓN

Visión Tipográfica Editores, S.A. de C.V. / Rossana Treviño

PORTADA

Ediciones Larousse, S. A. de C.V.,
con la colaboración de Nice Montaño Kunze

Significado de los símbolos

costo: barato

razonable

caro

dificultad: muy fácil

fácil

difícil

Este libro se terminó de imprimir y encuadernar
en el mes de Abril de 2014, en los talleres de
Litografía Magno Graf, S.A. de C.V., con domicilio en
Calle E No. 6, Parque Industrial Puebla 2000,
C.P. 72220, Puebla, Pue.

Presentación

La cocina mexicana es una práctica que día con día se renueva. Anclada en tradiciones centenarias pero dispuesta a aprovechar las innovaciones tecnológicas; su esencia está determinada por ingredientes, preparaciones, prácticas y utensilios que se identifican en todo México.

Dentro de la gran variedad de preparaciones en el país, una que todos los mexicanos reconocen son las tortas. Resultado de la combinación de ingredientes procedentes de todo el mundo, son sencillas de elaborar y su variedad se limita a la creatividad de cada persona. Ya sean frías, calientes, a la plancha, ahogadas, miniatura o gigantes, todas ellas comparten la misma textura crujiente de un buen pan y la perfecta combinación de ingredientes para lograr un sinfín de rellenos.

Debido a la variedad ilimitada de tortas, fue necesario realizar una selección de ellas para concretar esta obra. Así, por su sencillez, no se incluyen recetas de algunas ya tradicionales y consolidadas en el gusto de los mexicanos, como la de jamón, milanesa, chorizo, jamón, huevo, frijoles, pastor, de tamal o guajolota, así como las dulces, por ejemplo, de cajeta. Se optó por consignar recetas de aquellas tortas que tuvieran cierto grado de complejidad o una combinación innovadora de ingredientes, las cuales ofrecen un aporte significativo para que usted pueda realizarlas sin complicaciones o para ampliar el universo de las tortas en México.

En este libro se encuentran desde la clásica torta cubana de puesto hasta especialidades regionales, como la ahogada o la del santuario. Cada una está acompañada de excelentes fotografías que al verlas le abrirán el apetito. Además, esta variedad clásica se complementa con tortas de rellenos innovadores de total inspiración de la autora, como la de camarón, de langosta o de cangrejo. Con esta obra también sabrá cuál es la importancia de las tortas en la cultura del mexicano y cuáles son los elementos principales que las componen.

Estamos convencidos de que esta obra será tanto un referente para que pueda realizar las tortas ya conocidas por todos, como una fuente de inspiración para que se aventure y realice sus propios rellenos. Ya sea en la casa, para llevar al trabajo o a la escuela, en un día de campo o en una reunión entre amigos, agasaje a sus comensales con estas recetas que, seguramente, serán imposibles de resistir.

Los Editores

Sumario

Introducción

Desde que nació el pan, como una milagrosa invención humana, y a alguien se le ocurrió abrirlo para agregarle algún ingrediente, haya sido un vegetal o un trozo de carne, bien pudo proclamarse el surgimiento de la torta en el menú del mundo.

Leonardo Da Vinci, hombre del Renacimiento que sintió una auténtica pasión por la gastronomía, ya hacía emparedados, siendo bastante común en su época que los panes sirvieran como recipiente para otros alimentos.

En las embarcaciones españolas que cruzaron el Atlántico para descubrir el Nuevo Mundo, se consumía una especie de torta como parte de los alimentos que mantenían a los viajeros durante sus largas travesías; por supuesto, esta preparación se popularizó y se extendió en América, donde hoy existe una gran variedad de panes tradicionales.

El pan ideal para preparar tortas es la telera, cuyo tamaño es de aproximadamente 14 cm de largo por 7 cm de ancho; su espesor no va más allá de los 4 o 6 cm, claro está, sin contar el relleno. Su peso también es ligero, ya que no rebasa normalmente los 80 g, y son las tres franjas que tiene en la parte superior lo que la hacen única. La telera entre más fresca es más sabrosa; se debe partir a la mitad y retirarle el migajón para poder preparar la torta. Es común que en sustitución de la telera se utilice un bolillo, sin embargo no se recomienda, ya que la franja crujiente del bolillo que va de un lado a otro, dificulta la preparación y el consumo de la torta. Después de partir el pan es el momento de añadir los frijoles, uno de los ingredientes base del sustento mexicano, alegría y símbolo, complemento de toda comida o plato único; es tan importante y esencial el frijol en México, que se encuentra inserto en el lenguaje coloquial con frases como "ya tengo para los frijolitos", "te invito a la casa a comer unos frijolitos" o "vengan todos, nomás le echamos más agua a los frijoles" y en tiempos de escasez "no alcanza

ni para los frijoles". Sigue el momento de añadir los aderezos, indispensables para una buena torta, éstos pueden ser mostaza, crema o mayonesa. Los rellenos son cuestión de gusto e imaginación (y permítanme recordar a mi padre, quien decía que había tres cosas importantes en la vida: imaginación, imaginación e imaginación) y vaya que nosotros los mexicanos la tenemos a raudales. Los más comunes son jamón, pollo, milanesa, queso, pierna de cerdo, huevo o chorizo; además de que hoy en día son bastante solicitadas las tortas vegetarianas. El momento culminante de la preparación de la torta es la elección del complemento: tiritas de cebolla cruda recién rebanada, rebanadas de jitomate (a mí en lo particular me gusta escalfarlo para quitarle la piel), seguidas por el delicioso aguacate sin escatimar en cantidad, para finalmente rematar con el gran final picante, siendo muy socorridas las rajas de chile jalapeño en vinagre o los chipotles adobados.

¡Pásele joven…!

Una de las constantes en nuestras ciudades es la presencia de las tortas, las cuales conforman todo un eje de la propia identidad culinaria y cultural del pueblo mexicano. Su concepto es el mismo en todo el país, sin embargo, cada región posee una oferta singular de ingredientes y estilos bien diferenciados, y en ocasiones, cada establecimiento donde se expenden ha creado variantes imaginativas.

Las torterías más tradicionales, que por fortuna todavía se pueden hallar, son locales no muy grandes donde resaltan coloridos gabinetes o mesitas, siempre presididos por una limpia y brillante vitrina desde donde puede verse la preparación de las tortas, y atrás, un estante lleno de

refrescos de muchos sabores. Existen también carritos de tortas instalados en la banqueta y decorados con dibujos naif, propios de nuestra cultura popular; son lugares pequeños, pero con el espacio suficiente para realizar sus preparaciones y poder consumirlas ahí mismo. Pero éstos no son los únicos lugares donde se preparan las tortas, ya que ellas mismas han abierto sus propios caminos, e igual las vemos y disfrutamos en los mercados públicos, en canastas de vendedores ambulantes, en misceláneas, en tiendas de autoservicio, en estadios deportivos y, por si fuera poco, hasta llegan a domicilio.

El pan

Bien sabemos que desde las primeras culturas hay vestigios inconfundibles de este invento maravilloso que alimentaba no sólo el cuerpo, sino también el espíritu mismo, ya que se le atribuía un carácter sagrado. Con el tiempo se fueron perfeccionando los procedimientos y la calidad de los ingredientes para prepararlo, a la par que la diversidad de culturas que lo consumía hizo que se multiplicaran en sus formas. Si bien en Europa predominaba la cultura del trigo, en América la del maíz y en Asia la del arroz, el paso del tiempo provocó la mezcla de tradiciones. En México, tras la llegada de los españoles en el siglo xvi, la imposición del pan de trigo se fue generalizando paulatinamente, y el resultado es que hasta hoy lo seguimos consumiendo. A lo largo de nuestro territorio surgieron modalidades diversas como producto de la inventiva y creatividad nacional. Hoy en día, la variedad de panes para hacer tortas es inmensa y deliciosa. Hallamos en nuestras panaderías las teleras y los bolillos, que son las formas más utilizadas para preparar una buena torta, pero también se encuentran especialidades regionales como los pambazos, las cemitas y los birotes, éstos últimos necesarios para las famosas tortas ahogadas de Guadalajara.

¡Vamos ya por una torta…!

La torta es un alimento práctico que se consume en poco tiempo cuando es necesario seguir rápidamente con las actividades cotidianas. Aparece y reaparece a cualquier hora del día, ya que no conoce limitaciones ni horarios; está presente las 24 horas. Así, resulta ser el almuerzo idóneo para el mediodía, e igual hace las veces de desayuno, merienda, comida o cena. Una buena torta incluye básicamente pan, carne o huevo y verduras; si le agregamos otros ingredientes, que igualmente son usuales, como queso, crema y algún fruto como el aguacate, se vuelve un plato completo que puede servirse en cualquier lugar: en la vía pública, en la oficina, en el auto, en un día de campo o en una mesa de manteles largos. Generalmente, las tortas se sirven frías en el ámbito casero debido a la naturaleza de los ingredientes o a los usos y costumbres de la región. Por otro lado, las tortas calientes son más comunes en el ámbito comercial, donde es una exigencia que el guiso o ingrediente con que se preparan esté caliente o el queso que las complementa esté derretido.

Torta global al gusto

En el mundo actual, la información se difunde a gran velocidad, y cada vez contamos con mayores y afortunados intercambios. Es en este escenario donde la torta refrenda su vigencia y expansión, aunque se le hayan impuesto cambios para adaptarse a los nuevos gustos y preferencias de los consumidores. Hoy existe una creciente preocupación e interés por tener una alimentación sana, nutritiva y de preparación práctica, debido a las enfermedades relacionadas con una mala alimentación y a la rapidez con la que estamos obligados a vivir el día a día. Además, la apertura y la tecnología en la producción y distribución de alimentos ha hecho posible disfrutar sabores de otras latitudes que antes era prácticamente imposible. Así, se ha ampliado la oferta pasando del bolillo o la telera hacia otras alternativas como la *baguette*, el pan integral o el de cereales bien diferenciados, como el centeno o la linaza. Esta dinámica en la alimentación ha provocado también que los temas de nutrición, regímenes alimenticios y conciencia ecológica estén ahora incorporados a nuestros hábitos. Ello no significa que hayan sido desplazadas las tortas más comunes, pero todo parece indicar, por citar ejemplos, que las de pavo al horno han tenido una mayor demanda en fechas recientes. De igual forma, en los menús actuales aparecen ya enlistadas variantes insólitas como las tortas de arenques en un bolillo integral, o diferentes concepciones en torno a una torta vegetariana, según sus componentes de verduras y legumbres.

Queda clara la permanencia y popularidad de la torta, y hasta diría yo, su condición eterna, por encima de cambios y modas que, a fin de cuentas la han enriquecido y la mantienen rebosante hasta hoy.

Martha Chapa

A mi querido hermano Gerardo, destacado autor de importantes libros de gastronomía, que testimonian su talento, conocimientos y pasión en este gran y exquisito mundo del sabor.

Mi amoroso reconocimiento a Alejandro Ordorica, solidario compañero que tanto me apoya en todos mis proyectos, y con especial sabor en éste, con su profundo amor a México y sus vastos conocimientos.

Anatomía de la torta

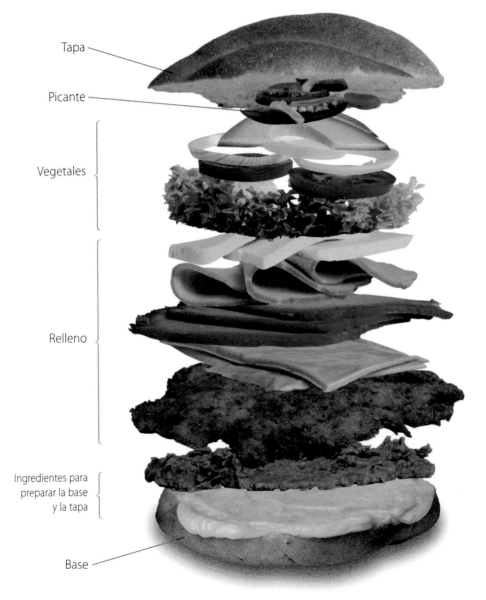

Tapa

Picante

Vegetales

Relleno

Ingredientes para preparar la base y la tapa

Base

Manual para hacer una torta

Paso 1: elija el pan

Este será el ingrediente que contenga a los demás. Aunque la telera es el pan más popular, existen otras variedades disponibles en México para la elaboración de tortas. Una vez elegido, córtelo por la mitad a lo largo y retire un poco de migajón para dar cabida a los rellenos.

Telera

Pan blanco hecho con harina de trigo, salado, de forma ovalada y con dos incisiones que lo atraviesan a lo largo. Es esponjoso y suave por dentro pero tiene una costra ligeramente crujiente. Existen diferentes tamaños, desde pequeñas de 5 cm, hasta las más comunes de 15 cm, o las de 25 cm para preparar las tortas gigantes.

Bolillo

Pan blanco hecho con la misma masa de la telera, de forma ovoide y con una hendidura en el centro. Tiene una costra crujiente; es suave y esponjoso por dentro.

Birote

Similar al bolillo pero más alargado y con una costra más crujiente. Es tradicional del estado de Jalisco y con él se preparan las tortas ahogadas y las del santuario.

Cemita

Pan blanco de forma circular de entre 9 y 12 cm de diámetro, es esponjoso por dentro y tiene una costra suave. Se elabora de diferentes tamaños y es muy popular en el estado de Puebla.

Baguette

Pan blanco de costra crujiente y forma alargada que llega a alcanzar hasta 60 cm. Es de origen francés y en México es ampliamente consumido.

Paso 2: prepare la base y la tapa

Estos ingredientes, además de aportar sabor, forman una capa impermeable que evita que el pan se humedezca con los demás componentes; una vez elegidos, añádalos a su gusto en la base y tapa del pan que eligió en el paso anterior.

Mayonesa

Este aderezo clásico, preparado a base de aceite y huevo, se utiliza para aderezar las tapas de las tortas.

Mantequilla

Se puede untar en la base y tapa de la torta para enriquecer su sabor, o agregarse al momento de calentarla en la plancha.

Mostaza

Generalmente se utiliza la preparada "a la americana". No es un ingrediente básico, pero se puede añadir a la tapa para darle sabor extra.

Frijoles refritos

Básicos en la alimentación del mexicano, los frijoles refritos son un ingrediente que usualmente se unta en la base de las tortas.

Paso 3: elija el relleno

Estos son los ingredientes principales de la torta y que comúnmente le dan su nombre. Los más tradicionales son carnes y lácteos, aunque cada vez es más frecuente el uso de verduras para los clientes vegetarianos. Puede combinarlos a su gusto y en las cantidades que desee. Una vez elegidos, añádalos sobre la base de la torta.

Jamón

Embutido elaborado con carne cocida de cerdo o de pavo. Es un ingrediente clásico muy utilizado en las tortas frías.

Chorizo

Embutido elaborado con de carne de cerdo o pollo sazonada con chiles y especias. Se utiliza frito o mezclado con huevo o queso.

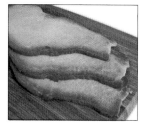

Pierna adobada

Embutido de cerdo elaborado de manera industrial con la pierna del animal. Está ligeramente adobada en su superficie, sin ser picante. Es un ingrediente indispensable en los locales y puestos de tortas tradicionales.

Salchicha

Embutido elaborado con carne de cerdo o pavo. Usualmente se fríe o se mezcla con huevo batido antes de colocarlo dentro de las tortas.

Queso de puerco

Embutido elaborado con la carne de la cabeza
del cerdo, muy tradicional en el centro de México.
Es utilizado principalmente en el ámbito casero.

Pierna de cerdo

Carne de pierna de cerdo fresca, sazonada y cocida
al horno. Se utiliza exclusivamente en la preparación
de tortas calientes, y se fríe ligeramente en aceite
o mantequilla al momento de utilizarla.

Milanesa

Bistec de pollo, cerdo o res, empanizado y frito.
Es uno de los rellenos clásicos de las tortas,
muy apreciado por su textura crujiente.

Pollo deshebrado

Carne de pollo cocida y deshebrada.
Se fríe ligeramente y se utiliza sola
o mezclada con queso Oaxaca.

Huevos

Generalmente se consumen batidos y cocinados sobre
la plancha; suelen mezclarse con otros ingredientes
como jamón, salchichas o chorizo.

Sardinas

Enlatadas con aceite o jitomate, son un
relleno clásico y nutritivo utilizado
principalmente en las tortas caseras.

Queso panela

Queso fresco elaborado con leche de vaca. Es de color blanco y bajo en grasas, muy popular en el centro de México.

Queso Oaxaca

Elaborado con leche de vaca, este queso fresco tradicional del estado de Oaxaca, también llamado quesillo, se utiliza deshebrado y derretido en las torterías de todo el país.

Queso amarillo

Elaborado de manera industrial, este queso comercializado en rebanadas individuales es un ingrediente recurrente en la preparación de las tortas frías o calientes.

Paso 4: elija los vegetales

Estas verduras y frutos son indispensables para aportar frescura, sabor y color a las tortas; añádalos a su gusto sobre el relleno.

Jitomate

Este fruto originario del continente americano se agrega en rebanadas a la torta justo después de haberle colocado el relleno.

Lechuga

Aunque la lechuga más utilizada en México es la romana, se pueden utilizar otras variedades según las preferencias. Una hoja o dos son ideales para cada torta.

Cebolla

Ya sea blanca o morada, la cebolla se añade
al gusto del comensal, fresca y rebanada,
en rodajas o fileteada.

Aguacate

El aguacate, fruto de origen mexicano, se añade
en rebanadas a las tapas de las tortas,
enriqueciéndolas con su sabor único. De las variedades
existentes, la más utilizada es el aguacate hass.

Paso 5: agregue el picante

Los chiles son indispensables para darle el toque final a la torta y satisfacer
el gusto mexicano por el picante; añádalos a su gusto y con precaución.

Chiles en vinagre

Chiles jalapeños encurtidos en una mezcla de vinagre,
aceite y especias; generalmente incluyen otros
ingredientes como cebolla y zanahoria, que también
se añaden a la torta.

Chipotles en adobo y en escabeche

Casi tan populares como los chiles en vinagre, los
chipotles adobados se pueden comprar enlatados o
prepararse en escabeche de forma casera. Generalmente
aportan un toque más dulce a la torta y son el picante
tradicional que se le añade a las cemitas poblanas.

Tortas clásicas

Cubana

Ingredientes

4 teleras

4 cucharadas de frijoles refritos

200 g de chorizo frito

4 rebanadas de jamón de pierna

4 rebanadas de pierna de cerdo al horno
(ver pág. 94)

200 g de queso Oaxaca deshebrado

1 jitomate cortado en rebanadas

1 aguacate cortado en rebanadas

cebolla cortada en rebanadas, al gusto

rajas de chiles en vinagre, al gusto

Preparación

· Corte las teleras por la mitad horizontalmente y retíreles un poco de migajón. Unte cada base con 1 cucharada de frijoles refritos y caliéntelas sobre la plancha.

· Distribuya sobre cada base el chorizo frito, 1 rebanada de jamón, 1 rebanada de pierna y el queso Oaxaca.

· Coloque sobre cada base, en partes iguales, las rebanadas de jitomate, aguacate y cebolla, así como las rajas de chiles en vinagre.

· Tape las tortas, deles un ligero apretón y voltéelas para que se doren del otro lado. Retírelas de la plancha, y pártalas por la mitad antes de servir.

*Esta torta es una de las más comunes en el Distrito Federal. Puede sustituir
la pierna de cerdo al horno por pierna adobada.*

Pachuqueña

Ingredientes

4 bolillos

4 cucharadas de mayonesa

4 cucharadas de frijoles refritos

2 milanesas de res, fritas y cortadas en tiras

4 rebanadas de pierna de cerdo al horno
(ver pág. 94)

200 g de queso Oaxaca, deshebrado

1 aguacate, en rebanadas

cebolla cortada en rebanadas, al gusto

rajas de chiles en vinagre, al gusto

Preparación

· Corte los bolillos por la mitad horizontalmente y retíreles un poco de migajón. Unte las tapas con mayonesa y reserve. Unte cada base con 1 cucharada de frijoles y caliéntelas sobre la plancha.

· Distribuya sobre cada base las tiras de milanesa, las rebanadas de pierna y el queso; voltee las bases para que el queso se derrita al contacto con la plancha. Voltéelas nuevamente y distribuya encima las rebanadas de aguacate y cebolla, así como las rajas de chiles en vinagre; tápelas y voltéelas para que se doren del otro lado. Retírelas de la plancha, y pártalas por la mitad antes de servir.

Pruebe preparar esta torta con milanesa de pollo y con rebanadas de pavo al horno.

Alemana

Ingredientes

4 bolillos o teleras

4 cucharadas de mayonesa

6 salchichas rebanadas y fritas

100 g de chorizo rebanado y frito

4 rebanadas de queso amarillo

4 rebanadas de queso fresco

1 jitomate cortado en rebanadas

1 aguacate cortado en rebanadas

4 hojas de lechuga

rajas de chiles en vinagre, al gusto

Preparación

· Corte los bolillos por la mitad horizontalmente y retíreles un poco de migajón. Unte las tapas y las bases con mayonesa y reserve. Caliente las bases sobre la plancha.

· Distribuya sobre las bases las tiras de salchicha, el chorizo, las rebanadas de quesos, de jitomate, de aguacate, así como las hojas de lechuga y las rajas; tápelas y voltéelas para que se doren del otro lado. Retírelas de la plancha y pártalas por la mitad antes de servir.

Esta torta también resultará deliciosa si utiliza salchichas alemanas y chorizo español.

Hawaiana

Ingredientes

4 teleras

4 cucharadas de mantequilla

4 cucharadas de paté

4 rebanadas de jamón de pierna

2 rebanadas de piña en almíbar, cortadas a la mitad horizontalmente

150 g de queso Oaxaca, deshebrado

chile chipotle adobado, al gusto

Preparación

· Corte las teleras por la mitad horizontalmente y retíreles un poco de migajón. Unte en las tapas la mantequilla y en las bases el paté. Caliente las bases sobre la plancha.

· Distribuya sobre las bases las rebanadas de jamón y de piña, así como el queso; voltee las bases para que el queso se derrita. Agregue el chile chipotle, tápelas y voltéelas para que se doren del otro lado. Retírelas de la plancha y pártalas por la mitad antes de servir.

En México, a los platillos que son preparados con la combinación de jamón y piña se les denomina hawaianos.

Rendimiento: 4 porciones
Dificultad:
Costo:

Suiza

Ingredientes

4 teleras

4 cucharadas de mantequilla

200 g de queso Oaxaca, deshebrado

8 rebanadas de queso amarillo

4 rebanadas de queso panela

1 jitomate cortado en rebanadas

1 aguacate cortado en rebanadas

Preparación

· Corte las teleras por la mitad horizontalmente y retíreles un poco de migajón. Unte mantequilla en ambas mitades y caliente las bases en la plancha.

· Distribuya sobre las bases los quesos y voltéelas hasta que los quesos se derritan; voltéelas nuevamente y añada las rebanadas de jitomate y de aguacate; tápelas y voltéelas para que se doren del otro lado. Retírelas de la plancha y pártalas por la mitad antes de servir.

*Puede elaborar innumerables variaciones de esta torta
con los quesos de su preferencia.*

De pulpo

Ingredientes

300 g de pulpos *baby* limpios

2 tazas de agua

1 hoja de laurel

1 diente de ajo entero + 3 picados finamente

¼ de taza de aceite de oliva

¼ de cebolla morada picada

4 jitomates picados en cubos pequeños

½ cucharada de orégano fresco picado

½ cucharadita de tomillo fresco picado

½ cucharada de mejorana fresca picada

1 cucharada de pimienta molida de Cayena

1 sobrecito de tinta de calamar

1 taza de vino tinto

el jugo de ½ limón

1 cucharadita de páprika

sal al gusto

4 teleras o bolillos

4 cucharadas de mayonesa

1 jitomate cortado en rebanadas

cebolla cortada en rebanadas, al gusto

4 hojas de lechuga

rajas de chiles en vinagre, al gusto

Preparación

- Cueza los pulpos en el agua con el laurel, 1 cucharada de sal y el diente de ajo entero entre 20 y 30 minutos. Retírelos del fuego, cuélelos y córtelos en trozos pequeños.

- Caliente el aceite de oliva en una cacerola a fuego alto y agregue la cebolla morada, los dientes de ajo picados y el jitomate; baje el fuego y agregue las hierbas, la pimienta de Cayena y cueza durante 5 minutos. Agregue el pulpo, cueza durante 5 minutos más y vierta la tinta, el vino, el jugo de limón, la páprika y la sal.

- Corte los panes por la mitad horizontalmente, retíreles un poco de migajón, tuéstelos ligeramente sobre la plancha y retírelos del fuego.

- Unte con la mayonesa las bases y añádales en partes iguales el guiso de pulpos, las rebanadas de jitomate y cebolla, así como la lechuga. Tápelas, pártalas por la mitad y sírvalas acompañadas con las rajas de chiles en vinagre.

Rendimiento: 4 porciones
Dificultad: 🍳
Costo: 🔺🔺

Suprema clásica

Ingredientes

200 g de chorizo

1 chile jalapeño picado finamente

½ cebolla picada finamente

4 teleras

4 cucharadas de mantequilla

4 cucharadas de frijoles refritos

400 g de cecina asada

4 salchichas rebanadas y fritas

200 g de queso Oaxaca deshebrado

1 jitomate cortado en rebanadas

1 aguacate cortado en rebanadas

4 hojas de lechuga

4 cucharadas de mayonesa

Preparación

- Caliente un sartén y fría el chorizo en su propia grasa. Añada el chile jalapeño y la cebolla; cueza por 8 minutos y reserve.

- Corte las teleras por la mitad horizontalmente, retíreles un poco de migajón, unte mantequilla en las bases y caliéntelas sobre la plancha.

- Unte 1 cucharada de frijoles en cada base y distribuya en ellas la cecina, el chorizo preparado, las salchichas y el queso; voltéelas para que el queso se derrita en la plancha.

- Voltee las bases nuevamente y distribuya encima las rebanadas de jitomate y aguacate, así como la lechuga. Unte 1 cucharada de mayonesa en cada tapa, cierre las tortas y voltéelas para que se doren del otro lado. Retírelas de la plancha, pártalas por la mitad y sírvalas calientes.

Mexicana

Ingredientes

Guacamole

2 aguacates medianos

2 cucharaditas de cebolla picada finamente

1 cucharada de cilantro picado finamente

1 chile serrano picado finamente (opcional)

sal al gusto

Torta

1 cucharada de aceite

2 chiles poblanos, sin piel, rabo, venas ni
   semillas, y cortados en tiras delgadas

1 cucharada de cebolla picada

1 pechuga de pollo cocida, deshuesada
   y deshebrada

sal y pimienta al gusto

4 bolillos

Preparación

Guacamole

· Machaque la pulpa de los aguacates con un tenedor y mézclelos con los demás ingredientes. Reserve.

Torta

· Fría en el aceite los chiles poblanos con la cebolla durante 5 minutos; añada el pollo y cueza por 5 minutos más. Sazone con sal y pimienta. Reserve.

· Corte los bolillos por la mitad, retíreles un poco de migajón y unte el guacamole en las tapas. Rellene las bases con el preparado de pollo y chile. Tape las tortas, pártalas por la mitad y sírvalas tibias.

Rendimiento: 4 porciones
Dificultad: 🍳🍳🍳
Costo: ⛰⛰

De pollo con mole

Ingredientes

4 teleras

200 ml de crema ácida

4 cucharadas de frijoles refritos

400 g de pollo deshebrado, guisado
en mole poblano (ver pág. 93)

cebolla cortada en rebanadas, al gusto

Preparación

· Corte las teleras por la mitad horizontalmente y retíreles un poco de migajón. Unte las tapas con la crema y las bases con los frijoles.

· Distribuya sobre las bases el pollo con mole y la cebolla. Tape las tortas y sirva.

Rendimiento: 4 porciones
Dificultad: 🍳🍳
Costo: ⛰⛰

De cochinita pibil

Ingredientes

4 teleras

4 cucharadas de frijoles refritos

500 g de cochinita pibil (ver pág. 94)

cebolla morada curada, al gusto
(ver pág. 95)

Preparación

· Corte las teleras por la mitad horizontalmente y retíreles un poco de migajón. Unte las bases con los frijoles.

· Distribuya sobre las bases la cochinita pibil y la cebolla curada. Tape las tortas y sirva.

Napolitana

Ingredientes

4 teleras o bolillos

4 cucharadas de mayonesa

4 cucharadas de frijoles refritos

1 cucharada de aceite

250 g de fajitas de pollo

4 rebanadas de queso tipo americano

4 rebanadas de jamón de pierna

1 jitomate cortado en rebanadas

1 aguacate cortado en rebanadas

cebolla cortada en rebanadas, al gusto

Preparación

- Corte los panes por la mitad horizontalmente, retíreles un poco de migajón y tuéstelos ligeramente sobre la plancha. Retire los panes del fuego y unte las tapas con la mayonesa y las bases con los frijoles refritos.

- Caliente el aceite en un sartén y ase las fajitas de pollo durante 8 minutos. Añada el queso, espere a que se derrita, retire del fuego y reserve caliente.

- Caliente las rebanadas de jamón sobre la plancha, retírelas del fuego y resérvelas. Distribuya sobre las bases las fajitas de pollo, las rebanadas de jamón, de jitomate, de aguacate y de cebolla. Tape las tortas, pártalas por la mitad y sírvalas.

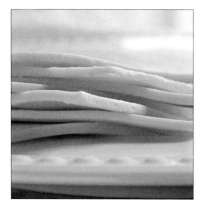

Ranchera

Ingredientes

4 bolillos

1 cucharada de manteca de cerdo

1 cucharada de cebolla picada finamente

200 g de carne de cerdo molida

1 jitomate picado finamente

1 pizca de orégano seco molido

1 chile chipotle adobado, picado finamente

2 cucharadas de alcaparras

sal al gusto

4 huevos cocidos, cortados en rebanadas

1 aguacate cortado en rebanadas

Preparación

- Corte los bolillos por la mitad horizontalmente y retíreles un poco de migajón.
- Caliente la manteca en un sartén, agregue la cebolla y sofría durante 2 minutos; añada la carne de cerdo y cueza durante 5 minutos; agregue el jitomate, el orégano, el chile, las alcaparras y la sal. Cueza por 10 minutos más, retire del fuego, deje enfriar y reserve.
- Distribuya sobre las bases de los panes el guiso de carne y las rebanadas de huevo cocido y de aguacate. Tape las tortas, pártalas por la mitad y sirva.

Tortas de especialidad

Cemitas poblanas

Ingredientes

4 cemitas

4 cucharaditas de mayonesa (opcional)

4 cucharadas de frijoles negros refritos

4 milanesas de pollo fritas

200 g de queso Oaxaca deshebrado

1 aguacate cortado en rebanadas

cebolla cortada en rebanadas, al gusto

hojas de pápalo al gusto

½ taza de chiles chipotles en escabeche

Preparación

- Corte las cemitas por la mitad y unte la mayonesa en las tapas y los frijoles en las bases.
- Coloque las milanesas de pollo en las bases, distribuya encima el queso Oaxaca, las rebanadas de aguacate y de cebolla, así como las hojas de pápalo y los chiles chipotles. Cierre las cemitas y sirva.

En la ciudad de Puebla, las cemitas más famosas son las que se preparan en el mercado del Carmen.

Aunque el sabor no será el mismo, si no encuentra cemitas sustitúyalas por teleras.

Ahogada

Ingredientes

Salsa picante

100 g de chile de árbol seco, sin rabos, venas ni semillas

2 dientes de ajo

2 cucharadas de ajonjolí tostado

2 cucharadas de vinagre blanco

1 pizca de comino

1 pizca de mejorana seca molida

sal al gusto

Salsa de jitomate

8 jitomates cocidos

½ cebolla

3 clavos de olor

2 dientes de ajo

1 cucharadita de orégano seco

1 hoja de laurel

1 pizca de comino

sal al gusto

Tortas

8 birotes

1 taza de frijoles refritos

800 g de carnitas picadas

Preparación

Salsa picante

· Coloque los chiles en una olla y cúbralos con agua; hiérvalos por 10 minutos, escúrralos y licúelos con el ajo, el ajonjolí, el vinagre, el comino y la mejorana. Hierva la salsa y añada la sal al gusto.

Salsa de jitomate

· Licúe todos los ingredientes, cuélelos y hiérvalos durante 8 minutos. Rectifique de sal y reserve.

Tortas

· Corte los birotes por la mitad horizontalmente, retíreles un poco de migajón y unte ambas mitades con los frijoles; agregue las carnitas y ciérrelos. Sumerja cada torta en la salsa de jitomate y acompañe con la salsa picante al gusto.

El birote es el pan con el que tradicionalmente se prepara esta torta tapatía; si no lo encuentra, puede sustituirlo por bolillo.

Ahogada de camarón

Ingredientes

Salsa

100 g de mantequilla

½ cebolla picada finamente

1 diente de ajo picado finamente

2 chiles chipotles adobados, machacados

8 jitomates cocidos, troceados

2 cucharadas de jugo sazonador

¼ de taza de agua

1 cucharadita de consomé de camarón en polvo

½ taza de crema ácida

sal al gusto

Tortas

50 g de mantequilla

800 g de camarones limpios

sal y pimienta al gusto

4 birotes

Preparación

Salsa

· Caliente la mantequilla en un sartén y sofría la cebolla hasta que esté transparente. Agregue el ajo, el chile chipotle, los jitomates, el jugo sazonador y el agua. Cueza por 10 minutos y sazone con el consomé de camarón.

· Licúe la preparación, cuélela y añada la crema. Mezcle bien, rectifique de sal, y reserve.

Torta

· Caliente la mantequilla en un sartén y sofría los camarones. Añada sal y pimienta. Reserve.

· Corte los birotes por la mitad horizontalmente, retíreles un poco de migajón y rellénelos con los camarones. Tape las tortas, báñelas con la salsa y sirva.

En esta deliciosa variante de la tradicional torta ahogada puede sustituir los camarones por cualquier otro marisco.

Rendimiento: 6 porciones
Dificultad: ♟
Costo: ♟♟

Del santuario

Ingredientes

Salsa

500 g de jitomate
250 g de cebolla
1 pizca de mejorana seca
1 cucharadita de azúcar
1 cucharadita de vinagre
sal al gusto

Tortas

6 birotes o teleras
¾ de taza de frijoles refritos
½ lechuga orejona fileteada
2 rábanos, en rebanadas
rajas de chiles en vinagre, al gusto
verduras en vinagre, al gusto.

Relleno a elegir por porción

150 g de pierna de cerdo cocida
 y deshebrada
150 g de lomo cocido y rebanado
150 g de queso panela rebanado
3 rebanadas de jamón de pierna
3 rebanadas de queso de puerco
1 manita de cerdo en escabeche,
 deshuesada

Preparación

Salsa

- Cueza los jitomates en una olla con 1 ½ litros de agua. Reserve 2 tazas del agua de cocción.
- Licúe los jitomates cocidos con la cebolla, la mejorana, el azúcar, el vinagre, sal y 2 tazas del agua de cocción de los jitomates. Reserve.

Tortas

- Corte los birotes por la mitad a lo largo, retíreles un poco de migajón y unte los frijoles en las bases.
- Añada a cada mitad 1 porción del relleno elegido, además de lechuga, rábano, rajas, verduras en vinagre y salsa. Sirva inmediatamente.

Estas tortas toman su nombre debido a que se venden cerca del santuario de la Virgen de Guadalupe, en la ciudad de Guadalajara.

Guacamayas

Ingredientes

Salsa

6 chiles de árbol, sin rabos, venas ni semillas

½ cebolla

2 cucharadas de vinagre blanco

1 pizca de comino

3 jitomates picados finamente

el jugo de 2 limones

sal al gusto

Tortas

4 bolillos

200 g de chicharrón de cerdo, troceado

150 g de cueritos en escabeche, cortados en tiras

Preparación

Salsa

· Coloque los chiles y la cebolla en una olla y cúbralos con agua. Hiérvalos por 10 minutos, cuélelos y licúelos con un poco del agua de cocción, el vinagre y el comino. Mezcle la salsa con el jitomate picado y el jugo de limón, sazone con sal y reserve.

Tortas

· Corte los bolillos por un extremo, cuidando que no se separen las mitades por un lado, y retíreles un poco de migajón. Añada el chicharrón y los cueritos, báñelos con la salsa (el chicharrón debe quedar con consistencia suave y húmeda) y sirva.

Tradicionales del estado de Guanajuato, las guacamayas son preparadas al momento por vendedores que cargan sus canastas en bicicleta.

Lonches norteños

Ingredientes

4 bolillos

1 taza de frijoles puercos (ver pág. 94)

150 g de queso Chihuahua rallado

1 receta de machaca guisada (ver pág. 92)

Preparación

· Corte los panes por la mitad horizontalmente. Combine los frijoles con el queso y unte con esta mezcla las bases.

· Distribuya sobre las bases la machaca y tape los lonches. Córtelos por la mitad y sirva.

Lonche deriva de la palabra inglesa lunch *y es una forma de llamar a la torta en Jalisco y en los estados del norte de México.*

Puede acompañar estos lonches con una cerveza clara bien fría.

De cabrito

Ingredientes

4 bolillos

1 receta de guacamole (ver pág. 40)

350 g de cabrito al horno cortado
en rebanadas (ver pág. 92)

rajas de chiles en vinagre al gusto

Preparación

· Corte los bolillos por la mitad horizontalmente.

· Unte guacamole a las bases y distribuya encima las rebanadas de cabrito. Coloque las tapas, corte las tortas por la mitad y sírvalas acompañadas de las rajas de chiles en vinagre.

El cabrito es una preparación tradicional de los estados del norte de México, donde suelen acompañarlo con tortillas de harina y salsa picante, además de ser utilizado para preparar estas tortas.

Pepitos

Ingredientes

1 cucharada de aceite

400 de filete de res cortado en tiras

sal y pimienta al gusto

4 bolillos

4 cucharadas de mantequilla

4 cucharadas de frijoles refritos

1 aguacate cortado en rebanadas

chiles chipotles adobados, al gusto

cebolla morada curada, al gusto
    (ver pág. 95)

Preparación

· Caliente el aceite en un sartén, salpimente el filete y áselo. Reserve.

· Corte los bolillos por la mitad. Unte ambas mitades con mantequilla, caliente las bases en la plancha y únteles una cucharada de frijoles.

· Distribuya sobre las bases el filete, el aguacate, el chile chipotle y la cebolla. Tape los pepitos y voltéelos para que se doren del otro lado; retírelos de la plancha y sírvalos calientes.

De guajolote de la famosa tortería de Armando

Ingredientes

4 teleras

¼ de taza de frijoles refritos

2 cucharadas de mantequilla

350 g de pechuga de pavo al horno, cortada en rebanadas (ver pág. 93)

4 hojas de lechuga orejona fileteada

1 jitomate cortado en rebanadas

cebolla cortada en rebanadas, al gusto

1 aguacate cortado en rebanadas

½ taza de rajas de chiles y verduras en vinagre (zanahorias, ajos, coliflores y calabacitas)

Preparación

· Corte las teleras por la mitad horizontalmente, retíreles un poco de migajón y unte los frijoles en las bases y la mantequilla en las tapas.

· Distribuya en las bases la pechuga de pavo, la lechuga, las rebanadas de jitomate, de cebolla y de aguacate, así como las verduras y los chiles en vinagre.

· Tape las tortas, deles un ligero apretón y sírvalas.

Esta torta se preparaba en la tortería de Armando, que según el cronista Artemio de Valle-Arizpe, se localizaba en el Centro Histórico de la ciudad de México.

Se acompaña con agua de chicha, bebida fresca a base de jugo de limón y de naranja.

De salpicón de venado

Ingredientes

3 jitomates grandes asados

3 chiles serranos verdes asados

½ cebolla asada

4 dientes de ajo asados

sal al gusto

3 cucharadas de aceite

½ kg de carne de venado, cocida
        y deshebrada

3 huevos batidos

6 bolillos o teleras

Preparación

· Licúe los jitomates, los chiles, la cebolla, los ajos y la sal. Reserve.

· Caliente en un sartén el aceite y sofría la carne de venado; añada los huevos, mezcle bien y cueza por 3 minutos. Incorpore la salsa y hierva hasta que la preparación quede seca. Deje enfriar y reserve.

· Corte los panes por la mitad horizontalmente, retíreles un poco de migajón, rellénelos con el guiso y sirva.

De lomo adobado

Ingredientes

4 teleras

4 cucharadas de mantequilla

4 cucharadas de frijoles refritos

300 g de lomo de cerdo adobado, cortado en rebanadas (ver pág. 95)

100 g de queso Chihuahua o manchego

rajas de chiles en vinagre al gusto

Preparación

· Corte las teleras por la mitad horizontalmente y retire un poco de migajón. Unte ambas mitades con mantequilla, caliente las bases en la plancha y únteles 1 cucharada de frijoles.

· Distribuya en las bases el lomo y el queso Chihuahua; voltéelas para que el queso se derrita. Voltéelas nuevamente, ciérrelas con la tapa y voltéelas una vez más para que se doren del otro lado.

· Retire del fuego, córtelas por la mitad y sírvalas. Acompañe con rajas de chiles al gusto.

En México, el lomo adobado es una preparación típica de las fiestas decembrinas. Esta torta es una deliciosa manera de aprovechar el recalentado al día siguiente.

Pambazos

Ingredientes

Adobo

4 cucharadas de manteca de cerdo

6 chiles anchos, sin rabos, venas ni semillas

4 chiles cascabel, sin rabos, venas
   ni semillas

¼ de cebolla picada

2 dientes de ajo

2 jitomates troceados

1 ½ tazas de agua

1 pizca de comino

sal al gusto

Pambazos

150 g de chorizo

1 taza de papas cocidas y machacadas

2 cucharadas de manteca de cerdo

4 pambazos

4 cucharadas de frijoles refritos

1 taza de lechuga picada

1 aguacate cortado en rebanadas

½ taza de queso fresco rallado

½ taza de crema ácida

salsa verde al gusto (ver pág. 92)

Preparación

Adobo

· Caliente la manteca en una olla y fría ligeramente los chiles, la cebolla, los ajos y los jitomates durante 3 minutos. Añada el agua, el comino y sal; hierva por 15 minutos. Licue todos los ingredientes y cuélelos. Rectifique de sal y reserve.

Pambazos

· Fría el chorizo en su propia grasa, e incorpore las papas. Reserve.

· Caliente la manteca en un sartén; cubra los pambazos con el adobo y fríalos hasta que estén dorados. Reserve.

· Corte los pambazos por la mitad horizontalmente, retíreles un poco de migajón, unte en las bases los frijoles y rellénelas de papa con chorizo.

· Distribuya en cada base la lechuga, las rebanadas de aguacate, el queso y la crema; tape los pambazos y sírvalos calientes acompañados de la salsa verde.

De la barda

Ingredientes

Chicharrón en salsa verde

6 tomates verdes

1 diente de ajo

2 chiles verdes

½ taza de agua

2 cucharadas de aceite

1 hoja de laurel

1 cucharada de tomillo seco

100 g de chicharrón troceado

sal al gusto

Tortas

1 jitomate picado

¼ de cebolla picada

4 bolillos

¼ de taza de frijoles molidos

8 rebanadas delgadas de jamón de pierna

8 rebanadas delgadas de queso amarillo

8 rebanadas delgadas de queso de puerco

1 aguacate cortado en rebanadas

½ taza de carne de res, cocida
      y deshebrada

100 g de queso blanco desmoronado

150 g de chorizo frito

Preparación

Chicharrón en salsa verde

· Licúe los tomates, el ajo, los chiles verdes y el agua. Caliente el aceite en una olla y fría la salsa; añada el laurel, el tomillo y el chicharrón; cueza durante 15 minutos. Retire la hoja de laurel, rectifique de sal y reserve.

Tortas

· Mezcle el jitomate con la cebolla.

· Corte los bolillos por un extremo de forma horizontal, cuidando que no se separen las mitades por un lado; retíreles un poco de migajón y únteles los frijoles molidos.

· Coloque en cada bolillo 2 rebanadas de jamón y 2 de queso amarillo, 1 cucharadita del jitomate mezclado con cebolla y cubra con 2 rebanadas de queso de puerco.

· Distribuya en los bolillos el aguacate, la carne de res deshebrada, el chicharrón en salsa verde, el queso blanco desmoronado y el chorizo frito. Tape las tortas y sirva.

Esta torta se originó en Tampico, Tamaulipas, cuando a alguien se le ocurrió venderla en la barda limítrofe que separa los muelles de la ciudad. Debido a su éxito, pronto se difundió por toda la ciudad con el nombre de "torta de la barda".

Nuevas tortas

De camarón

Ingredientes

350 g de camarones medianos

4 teleras

2 cucharadas de mantequilla

4 cucharaditas de crema ligera

2 cucharaditas de mostaza

100 g de queso panela cortado
    en rebanadas

¼ de rama de apio picada finamente

4 hojas de lechuga orejona

Preparación

· Retire las cabezas, las patas y los caparazones de los camarones; ábralos con un cuchillo por el lomo, retíreles la vena, enjuáguelos y reserve.

· Caliente una olla con agua y cueza los camarones por 6 minutos; retírelos del agua, enfríelos y reserve en el refrigerador.

· Corte las teleras por la mitad horizontalmente, retire un poco de migajón y unte a ambas mitades la mantequilla, la crema y la mostaza.

· Coloque sobre las bases los camarones, las rebanadas de queso y el apio; añada las hojas lechuga, cubra con las tapas y sirva.

De langosta

Ingredientes

1 langosta viva o cruda previamente descongelada

2 huevos cocidos picados

⅓ de taza de mayonesa

2 cucharadas de pimiento verde picado

2 cucharadas de salsa picante

1 cucharadita de cebollín picado

1 cucharadita de jugo de limón

6 bolillos

6 cucharaditas de mantequilla

6 hojas de lechuga orejona

Preparación

• Hierva en una cacerola 4 litros de agua con 1 pizca de sal.

• Sumerja la langosta en el agua hirviendo, cuézala por 12 minutos y retírela del agua.

• Corte la langosta en 2 a lo largo y retire y deseche el estómago. Extraiga la carne de la cola y las pinzas, desmenúcela y reserve.

• Mezcle la carne de langosta con los huevos, la mayonesa, el pimiento, la salsa picante, el cebollín y el jugo de limón; refrigere durante 30 minutos.

• Corte los bolillos por la mitad horizontalmente, retire un poco de migajón y unte ambas mitades con la mantequilla.

• Distribuya la mezcla de carne de langosta en las bases, añada las hojas de lechuga, tape las tortas y sirva.

De cangrejo

Ingredientes

340 g de pulpa de cangrejo

150 g de queso Chihuahua rallado

⅓ de taza de aceitunas picadas

¼ de taza de mantequilla derretida

1 diente de ajo picado finamente

6 bolillos

cebolla morada picada, al gusto

Preparación

· Desmenuce la carne de cangrejo y mézclela con el queso Chihuahua rallado, las aceitunas picadas, la mantequilla derretida y el ajo picado.

· Precaliente el horno a 175 °C. Corte los bolillos por la mitad horizontalmente, retire un poco de migajón, distribuya la mezcla de cangrejo en las bases y tápelas con la otra mitad.

· Envuelva cada una de las tortas en papel aluminio y hornéelas durante 15 minutos. Sáquelas del horno y sírvalas calientes, acompañadas de la cebolla picada.

Rendimiento: 4 porciones
Dificultad:
Costo:

Mar y tierra

Ingredientes

1 lata de atún en aceite, desmenuzado

1 lata de jamón endiablado, picado

3 huevos cocidos, picados

¼ de taza de apio picado finamente

2 cucharadas de pepinillos en vinagre, picados

½ cucharadita de cebolla picada finamente

⅓ de taza de mayonesa

4 bolillos

50 g de mantequilla

4 hojas de lechuga

Preparación

· Mezcle el atún, el jamón endiablado, los huevos, el apio, los pepinillos y la cebolla. Incorpore la mayonesa y refrigere durante 20 minutos.

· Corte los bolillos por la mitad de manera horizontal, retire un poco de migajón y unte ambas mitades con mantequilla. Distribuya el relleno de atún y jamón en las bases, así como las hojas de lechuga; tape las tortas y sírvalas.

*Puede sustituir el atún en aceite por sierra ahumada
o sardinas en aceite.*

A la italiana

Ingredientes

¼ de taza de mayonesa

1 cucharada de vinagre de vino tinto

1 diente de ajo machacado

¼ cucharadita de hojas de albahaca picadas

½ cucharadita de orégano seco molido

6 bolillos o teleras

¼ de taza de mantequilla suavizada

6 hojas de lechuga romana

180 g de queso *provolone* o queso ahumado, rebanado

cebolla cortada en rebanadas, al gusto

2 jitomates cortados en rebanadas

1 lata de de filetes de anchoa, escurridos

½ taza de aceitunas verdes o negras, deshuesadas y rebanadas

Preparación

· Mezcle la mayonesa, el vinagre de vino tinto, el ajo, la albahaca y el orégano. Reserve.

· Corte los panes por la mitad horizontalmente, unte con mantequilla ambas mitades y añada en partes iguales la mezcla de mayonesa.

· Distribuya en las bases las hojas de lechuga, el queso *provolone*, la cebolla, el jitomate, los filetes de anchoa y las aceitunas. Tape las tortas y sírvalas.

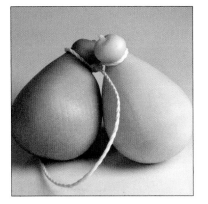

De salmón ahumado

Ingredientes

4 teleras

100 g de queso crema

240 g de salmón ahumado, rebanado

100 g de espárragos blanqueados

4 cucharadas de alcaparras

el jugo de 2 limones

pimienta negra molida, al gusto

Preparación

· Corte las teleras por la mitad horizontalmente, retire un poco de migajón y tuéstelas ligeramente sobre la plancha. Reserve.

· Unte sobre las bases el queso crema y distribuya encima las rebanadas de salmón ahumado, los espárragos y las alcaparras; rocíe con el jugo de limón y añada pimienta negra. Cierre las tortas, córtelas por la mitad y sirva.

Rendimiento: 4 porciones
Dificultad: 🍳🍳
Costo: ⚖⚖

Torta Martha Chapa

Ingredientes

¼ de taza de mayonesa

1 cucharada de mostaza

1 cucharada de miel

2 manzanas verdes

400 g de pechuga de pavo al horno
cortada en rebanadas (ver pág. 93)

4 teleras

cebolla morada cortada en aros,
al gusto

Preparación

· Mezcle la mayonesa, la mostaza y la miel. Reserve.

· Descorazone las manzanas y córtelas en gajos. Reserve.

· Corte las teleras por la mitad horizontalmente y tuéstelas ligeramente sobre la plancha. Reserve.

· Unte las teleras con la mezcla de mayonesa y distribuya encima las rebanadas de pavo, los gajos de manzana y la cebolla. Tape las tortas y sírvalas.

Recetas complementarias

Machaca guisada

Ingredientes

1 ½ cucharadas de manteca de cerdo

100 g de machaca

¼ de cebolla picada finamente

2 chiles serranos picados finamente sin rabo, venas ni semillas

2 dientes de ajo picados finamente

100 g de jitomate picado finamente

sal al gusto

6 huevos batidos

Preparación

- Caliente la manteca en un sartén y fría la machaca hasta que se dore; añada la cebolla, los chiles, los ajos y el jitomate. Agregue sal y cueza durante 5 minutos.
- Añada los huevos y cueza por 5 minutos más. Rectifique de sal y reserve.

Cabrito al horno

Ingredientes

1 taza de aceite de maíz

1 taza de manteca de cerdo

3 jitomates cortados en cuatro

1 cebolla cortada en rebanadas

3 dientes de ajo picados finamente

6 hojas de laurel

1 cabrito tierno cortado en piezas

½ taza de vino blanco

1 taza de agua

sal y pimienta al gusto

Preparación

- Precaliente el horno a 180 ºC
- Mezcle el aceite con la manteca, los jitomates, la cebolla, los ajos y el laurel
- Coloque el cabrito en una bandeja para hornear y báñelo con la mezcla anterior, el vino y el agua; sazone con sal y pimienta y tápelo con papel aluminio. Hornéelo por 1 ½ horas.
- Sáquelo del horno, voltee las piezas de cabrito y hornee destapado durante 1 hora más o hasta que la carne esté bien cocida y dorada.

Salsa verde

Ingredientes

500 g de tomates verdes asados

5 chiles serranos asados

½ cebolla asada

1 diente de ajo asado

sal al gusto

1 ramita de hierbabuena picada

1 ramita de cilantro picado

Preparación

- Licúe los tomates, los chiles, la cebolla, el ajo y la sal.
- Sirva la salsa en un recipiente y añada encima la hierbabuena y el cilantro picados.

Mole poblano

Ingredientes

200 g de manteca de cerdo

450 g de chiles mulatos sin rabos, venas ni semillas

400 g de chiles anchos sin rabos, venas ni semillas

100 g de chiles pasilla sin rabos, venas ni semillas

100 g de almendras peladas

75 g de cacahuates

75 g de pasitas

20 g de pan blanco troceado

1 tortilla

3 g de pimienta negra

1 pizca de clavo de olor

75 g de ajonjolí tostado

1 pizca de anís tostado

1 pizca de canela

1 cebolla asada

4 dientes de ajo asados

2 l de caldo de guajolote o pollo

4 jitomates grandes asados

3 chiles chipotles grandes, sin rabos, venas ni semillas, hidratados

180 g de chocolate en tablilla

sal al gusto

Preparación

· Caliente la mitad de la manteca y fría ligeramente los chiles mulatos, los anchos y los pasilla. Reserve.

· En el mismo sartén en el que frío los chiles, fría ligeramente las almendras, los cacahuates, las pasitas, el pan, la tortilla, la pimienta y el clavo de olor. Licúe con los chiles fritos, el ajonjolí, el anís, la canela, la cebolla, el ajo y medio litro de caldo. Reserve.

· Licúe los jitomates con los chiles chipotles y un poco de caldo.

· Caliente el resto de la manteca en una cazuela grande y fría el licuado de jitomate con chipotle; cueza por 2 minutos. Añada el licuado de chiles, el resto del caldo, y el chocolate. Sazone con sal y hierva hasta que la grasa flote en la superficie.

Pechuga de pavo al horno

Ingredientes

1 kg de pechuga de pavo natural (una sola pieza)

6 dientes de ajo machacados

6 ramitas de tomillo fresco

1 taza de vino blanco

4 cucharadas de mantequilla

sal y pimienta al gusto

Preparación

· Marine la pechuga de pavo con los dientes de ajo, el tomillo, el vino blanco, sal y pimienta.

· Precaliente el horno a 180 °C.

· Caliente la mantequilla en un sartén y dore ligeramente toda la superficie de la pechuga de pavo.

· Coloque la pechuga en una charola para hornear y cúbrala con papel aluminio. Hornee durante 1 hora, después retire el papel aluminio y hornee por media hora más. Retire del horno, deje enfriar y reserve.

Pierna de cerdo al horno

Ingredientes

¼ de taza de salsa de soya

2 cucharaditas de azúcar morena

2 dientes de ajo picados finamente

¼ de taza de aceite de oliva

1 kg de pierna de cerdo (una sola pieza)

½ cebolla cortada en rodajas

2 hojas de laurel

Preparación

· Mezcle en un recipiente la salsa de soya con el azúcar, los dientes de ajo y el aceite de oliva.

· Añada la carne de cerdo, la cebolla y el laurel a la preparación anterior, cubra con plástico y refrigere durante toda la noche o mínimo 2 horas.

· Precaliente el horno a 180 °C.

· Coloque la carne de cerdo en una charola para hornear y cúbrala con papel aluminio. Hornee durante 1 hora, después retire el papel aluminio y hornee por 45 minutos más. Retire del horno, deje enfriar y reserve.

Cochinita pibil

Ingredientes

el jugo de 2 naranjas dulces

el jugo de 2 naranjas agrias

el jugo de 1 toronja

100 g de pasta de achiote

2 dientes de ajo, asados y molidos

½ cucharada de orégano seco

1 kg de pierna o falda de cerdo cortada en trozos medianos

2 hojas de plátano asadas

sal y pimienta al gusto

Preparación

· Licue el jugo de los cítricos con la pasta de achiote, los dientes de ajo, el orégano, sal y pimienta. Marine la carne con esta salsa durante toda la noche o mínimo 2 horas.

· Precaliente el horno a 180 °C.

· Coloque las hojas de plátano en una charola para hornear, coloque la carne marinada en el centro y envuélvala con las hojas.

· Hornee durante 2 ½ horas o hasta que la carne esté suave. Retire del horno y reserve.

Frijoles puercos

Ingredientes

½ kg de frijol

200 g de manteca de puerco

250 g de chorizo de puerco

250 g de queso Chihuahua rallado

1 lata pequeña de chiles jalapeños en rajas

sal al gusto

Preparación

- Coloque los frijoles en un recipiente y cúbralos con agua fría. Déjelos reposar toda la noche. Drene y deseche el agua.

- Coloque los frijoles en una olla de presión, cúbralos con agua, ciérrela y cueza por 35 minutos a partir de que empieza a escapar el vapor por la válvula. En una olla normal, el tiempo de cocción será de 2 horas aproximadamente.

- Retire del fuego, escurra y licue los frijoles, si es necesario agregue un poco del agua de cocción. Reserve.

- Caliente la manteca en una cazuela, agregue el chorizo y cueza por 6 minutos. Incorpore los frijoles, el queso rallado, los chiles jalapeños y la sal. Cueza por 10 minutos más y retire del fuego. Reserve.

Lomo de cerdo adobado

Ingredientes

2 chiles anchos sin rabo, venas ni semillas, asados e hidratados en agua caliente

2 chiles guajillo sin rabo, venas ni semillas, asados e hidratados en agua caliente

1 jitomate asado

1 diente de ajo asado

2 clavos de olor

5 pimientas negras

1 pizca de comino

½ kg de bisteces de lomo de cerdo

3 cucharadas de aceite

Preparación

- Licue los chiles el jitomate, el ajo y las especias. Cuele la salsa y reserve.

- Marine los bisteces en la salsa por 30 minutos.

- Caliente el aceite en un sartén y fría los bisteces hasta que estén dorados. Retire del fuego, deje enfriar y reserve en refrigeración.

Puede sustituir los bisteces por la pieza de lomo, cubrirla con la salsa y hornearla para utilizarla en rebanadas.

Cebolla morada curada

Ingredientes

1 taza cebolla morada rebanada

1 chile habanero sin rabo, venas ni semillas, asado y picado finamente

⅓ taza de jugo de limón

⅓ de taza de vinagre blanco

3 cucharadas de aceite de oliva

1 pizca de orégano seco molido

1 pizca de mejorana seca

sal y pimienta al gusto

Preparación

- Mezcle todos los ingredientes y déjelos macerar por 2 horas. Reserve.

Índice